AF322166

REDDITION

DE LA VILLE DE LONS-LE-SAUNIER

en 1595.

ENQUÊTE CONTEMPORAINE

sur cet évènement.

Extrait des Mémoires de la Société d'Emulation du Jura.

LONS-LE-SAUNIER

IMPRIMERIE DE GAUTHIER FRÈRES

1873

REDDITION

DE LA VILLE DE LONS-LE-SAUNIER

en 1595.

ENQUÊTE CONTEMPORAINE

sur cet événement.

En 1867, M. le docteur Chéreau a publié dans
le Recueil de la Société d'émulation du Jura, et
d'après les Manuscrits de la Bibliothèque natio-
nale, le récit de l'invasion d'Henri IV en Franche-
Comté (1595).

Ce récit est d'un haut intérêt, parce qu'il émane
d'un contemporain, Jean Grivel, conseiller au
Parlement de Dole, parfaitement au courant des
événements. Malheureusement, dans ce manuscrit,
un feuillet a été déchiré, et est définitivement
perdu. C'est précisément celui où l'auteur racon-
tait la capitulation de Lons-le-Saunier, lorsque au
voisinage de ses murs, et à la tête d'une puissante
armée, le roi trouva les habitants réduits à un
très-petit nombre et hors d'état de se défendre.

M. Chéreau a cherché à combler une lacune si
regrettable, en insérant, dans le corps même du
texte original de Jean Grivel, celui de l'avocat

Courbe dans son histoire de Lons-le-Saunier, considérant ce texte comme emprunté a la narration de Grivel, modifiée et arrangée selon le langage du XVIIIe siècle.

Mais quelle est la valeur de cette copie ? est-elle exacte ? M. Chéreau reconnaît n'avoir pu en acquérir la certitude, et cependant il s'agit de l'une des phases les plus curieuses de l'histoire de cette ville.

Nous avons pu remplacer enfin cette partie si importante par un texte sûr et qui ne peut souffrir de contradiction, c'est celui d'une enquête faite huit jours après les événements ; tous les témoignages y émanent de témoins contemporains présents sur place, membres du conseil de la ville ou députés vers le roi. Aucune page de l'histoire de Lons-le-Saunier ne peut donc offrir plus de garanties de certitude.

Nous donnons dans le récit qui va suivre le résumé fidèle de cette information, dont les conséquences se poursuivaient encore devant le Parlement de Dole au mois de mars 1596 ; elle présente nombre de détails curieux et inconnus ; on y trouve notamment ce qui s'est passé soit dans les délibérations du conseil de la ville, soit dans le secret de l'entrevue avec le roi même, le lieu précis, et jusqu'à présent fort discuté, où, à deux reprises, les députés ont été reçus par le vainqueur, et jusqu'aux questions curieuses d'Henri IV sur les prédictions du défunt seigneur de Montfort qui s'attribuait, on ne sait comment ni pourquoi, le don de prophétie.

Il est un fait capital, dont M. Chéreau, en publiant le livre de Grivel, a dû se préoccuper sérieusement. Comme le manuscrit est sans nom d'auteur, il s'est agi de savoir s'il était réellement l'œuvre de ce savant magistrat. Le chroniqueur, écrivant sous la domination de l'Espagne, s'était permis sans crainte d'assez vives tirades contre le roi. Mais depuis, la Franche-Comté avait, par la conquête, passé sous le gouvernement de la France ; ces passages alarmèrent quelques parents de l'auteur, qui surchargèrent d'un encre fort noire les passages où l'écrivain, se révélant lui-même, nommait son *père*, son *oncle*, son *frère*. Il a fallu beaucoup d'adresse pour enlever cette couche d'encre, et retrouver sans les effacer les mots qu'elle recouvrait. M. Chéreau y est parvenu, et c'est ainsi qu'il a reconnu Jean Grivel.

Je voudrais établir par une preuve de plus l'exactitude de cette vérification ; et cette preuve écrite la voici : à la page 161 du récit publié, l'auteur dit : le connétable de Castille, après avoir fait marcher toute son armée contre Lons-le-Saunier et loger ses troupes dans les villages voisins, prit son quartier *au village de Perrigny, et fut loger en une maison appartenant à mon père.*

Où je trouve dans le registre XXV, f° 65 de la chambre des comptes de Dole (1), des lettres d'Albert et d'Isabelle, portant la date du 1er mars

<hr>

(1) Archives de la préfecture du Doubs. L'enquête dont le résumé va suivre y est également déposée.

1611, octroyant à Jean Grivel, escuyer, conseiller et maistre des requestes au conseil privé, la haulte justice au village de Perrigny, avec la mention que ce magistrat possède entre autres biens une belle chevance à Perrigny, consistant notamment *en une fort belle tour et maison, en laquelle a autrefois logé le connestable de Castille, lorsqu'il tenoit le siége devant notre ville de Lons-le-Saunier.*

II

RÉSUMÉ DE L'ENQUÊTE CONTEMPORAINE.

Il y a eu jeudi dernier huit jours, qu'estoit le 17e du présent mois d'aoust, un particulier de la ville d'Arbois, appelé Magnin, se disant des gens de madame la marquise de Carnavalet, vint à Lons-le-Saunier, et entra dans la ville soubs le prétexte de parler au mayeur. Il estoit à la suite du prince de Biard, et avoit esté envoyé au dit Lons-le-Saunier par son commandant pour parler au sieur lieutenant Bouquet, comme il feit selon qu'il est notoire en ceste ville, s'estant le même jour, parti d'icelle pour, comme il est vraisemblable, resservir ledit prince de ce qu'il avoit vu à Lons-le-Saunier, et entendu du dit sieur lieutenant.

Au quel jour, ceux de Lons-le-Saunier tindrent leur conseil, où certains des déposants et le lieutenant Bouquet furent appelés, ayant ledit lieutenant commencé à opiner à l'honneur et louange du dit prince de Byard, disant que c'estoit un prince magnanime, heureux et victorieux, accompagné de grandes et puissantes forces, qui avoit prins Champlitte, Autrey, Pesmes, au couspect du connestable de Castille, sans que celuy ci eust osé lever les cornes ; qu'il avoit emporté Besançon, Salins, Arbois, Poligny ; qu'ils n'estoient pas gens pour empescher ses conquestes ; et que son avis estoit qu'on luy envoyast un commis au devant pour traicter et capituler.

Ce qui fut rejeté par tous, remonstrant que ce seroit crime de lèze-majesté, si l'on alloit au devant, premier que l'on fust sommé. L'un des témoins dit au lieutenant Bouquet, que c'estoit un vrai Carementrant, voulant entendre qu'il ferait comme le lieutenant de Vesoul.

Il y a bien longtemps que le dit lieutenant est suspecté de tenir le party du Byarnois, voire que, sont environ trois ans, estant en la maison de Richard de Plasne apothicaire, au souppé, il dit que le roy d'Espagne faisoit tort au roy de France, et que mal luy en prendroit.

Et fut résolu au dit conseil que, se l'on les venoit sommer, le capitaine de la ville, qu'estoit le sieur de Marigny, ou le mayeur d'icelle, feroit la response.

Le lendemain, 18e jour du dit mois d'aoust, le dit Magnin revint à Lons-le-Saunier avec un trompette du dit Byarnois et lettre du connestable de Montmorency adressée aux mayeur, eschevins et conseil de la dite ville, le tout pour les sommer de se rendre. Le roy, disoit-il, estoit en grand courroux de ce qu'il avoit reçu des nouvelles de la prinse de Dorlans, et du traictement que les Espagnols avoient faict aux habitants et soldats. Sur quoy fut assemblé le conseil, où l'on résolut faire response au dit connestable, et par icelle le prier intercéder vers le roy son maistre, qu'il luy pleust les recevoir à composition de dix mille escus, prenant esgard que leurs moyens n'estoient à comparer à ceux de Poligny.

Mais le dit sieur lieutenant persévéra à conseiller que l'on debvoit se rendre, et quelques autres aussy, voire que le dit sieur de Marigny et le baron de Pymorain firent la déclaration qu'ils ne vouloient estre de la composition. Le sieur docteur Duprels dit qu'il falloit donc que ceux qui se disoient avoir de la valeur pour combattre, bailliassent caution pour leurs vies, celles de leurs enfants et honneurs de leurs femmes.

Guillaume Blondel marchand déclara qu'il falloit que ceux qui avoient peur se retirassent, et qu'ils deussent aviser ce qu'ils résoudroient ; et, pour ce que ils faisoient chose contre leur honneur, ils estoient environ quarante qui avoient résolu de leur couper la gorge.

Là dessus, il se despartit de l'assemblée en la quelle fut conclud, que l'on enverroit des commis au prince de Byard pour traicter et capituler avec luy, à condition toutes fois de non recevoir ny admettre aulcune garnison en la ville, résolus de plutôt tous mourir que de se départir de l'obéyssance de sa majesté.

Tout le peuple se montroit fort zélé et affectionné, sauf quelques uns qui inclinoient à la reddition.

Le dit lieutenant Bouquet fut commis pour la capitulation avec messire Philibert de Brange, le sieur Duprels docteur en droit et le sieur de Chaulcin.

Ils sortirent de la ville le 18e aoust, ayant tenu le dit conseil environ la minuit du jour précédent. Mais, avant leur partement, retourna à Lons-le-Saunier le dit Magnin, pour faire entendre la volonté du prince de Byard et la response de la lettre escripte au dit connestable de Montmorency, qu'estoit qu'il ne vouloit point de capitulation, si les habitants ne recepvoient garnison, et que, si l'on faisoit tirer un coup de canon, il mettroit tout au fil de l'espée, comme l'Espagnol avoit faict devant à Dorlans. Ce qui troubla grandement le peuple.

Et lors se partirent les dits commis, qui allarent treuver le prince de Byard à une grange proche le villaige de Chille, le quel les amena avec luy à Conliège. Il leur dit qu'ils estoient à moitié vaincus, qu'il savoit bien qu'ils n'estoient que deux cents habitants et quelques paysans dans la ville, et partant qu'ils n'estoient gens pour résister à son armée.

Ils capitularent pour vingt cinq mille escus. Le roy leur fit entendre qu'il n'y auroit aulcune garnison en la ville ne au faulbourg, excepté quarante Suysses au chasteau, à raison que le sieur de Pymorain, avoit escript certaines lettres qui luy estoient tombées ès mains, par où il ne l'avoit pas respecté ; que du reste les Suysses ne coucheroient au chasteau qu'un soir. Le prince de Byard leur enjoignit de revenir le lendemain avec six ostaiges.

Les quarante Suysses entrarent au chasteau, le dit jour, conduits par le baron d'Auzonville.

Le lendemain, les dits commis retournarent à Conliege, au quartier du prince de Beyard pour faire coucher la dite capitulation par escript. Ils le trouvarent sur son partement, mais il avoit bien changé de propoz. Car il leur déclara qu'il vouloit laisser garnison à Lons-le-Saunier. Le docteur Duprels luy remonstrant qu'il avoit promis le contraire, il luy imposa silence, menaçant qu'il le feroit pendre, ajoutant qu'il ne vouloit aultre ostaige que luy pour le paiement des vingt cinq mille escus, qu'il voyoit bien qu'il avoit un cœur espagnol, que c'estoit un clerc, et qu'il le vouloit faire françois.

Le prince de Byard remit les députés au dit connestable de Montmorency qui, à la fin, ne voulut se contenter de ce que dessus, mais pretendit avoir une plus ample garnison dans la ville.

Malgré le refus du prince de Byard, le docteur Duprels luy demanda de permettre au moins que les habitans sortissent de leur ville avec la baguette blanche et en chemise, et luy particulierement.

Mais le dit prince de Byard, de rechef, luy imposa silence, le menaçant s'il parloit, de le faire pendre, si que le dit sieur Duprels fut contrainct de se taire.

Le prince de Byard, lorsqu'ils furent retournés à Conliege, commanda que le dit sieur lieutenant entrât seul. Ce nonobstant, le docteur Duprels racontoit qu'il s'estoit glissé avec lui dans la chambre, où ledit prince devisa un longtemps du fut seigneur de Montfort, s'informant s'il n'avoit rien prédit s'il seroit roy de France et des Espaignes, et s'il viendroit en ce pays. Le bruit court que le mareschal de Byron a mandé la femme du dit fu sieur de Montfort à Cressya, pour savoir si son dit mari avoit rien predit sur sa nativité.

Le prince de Byard, sans entendre au dit traicté, se despartit de Conliège, délaissant tout pouvoir au connestable de Montmorency, tellement que, le dit jour, rien ne fut négocié ; et, le lendemain, la garnison entra à Lons-le-Saunier. Aussy, le sieur lieutenant Bouquet ayant esté rencontré par le dit Guillaume Blondel l'un des témoins devant la barrière du pont de l'horloge, celuy ci lui dit en se moquant : *Eh bien, qu'en dites-vous maintenant ?*

Au lieu d'avoir un traicté, les habitans furent contraincts de recourir au connestable de Montmorency par supplique, le quel leur accorda l'exercice de la religion catholique, apostolique et romaine, et leur assura leurs franchises, avec liberté de vendre leurs immeubles, distraire leurs meubles et leurs chevaux, et de se retirer là où ils aviseroient.

Neanmoins, dois lors, il ne voulut permettre à

aulcungs habitants de sortir de la ville ni distraire aulcune chose ; et, se aulcun s'advance de sortir sans passe-port, il est arresté et constitué prisonnier de guerre.

A l'entrée de la garnison, les habitans ont été contraincts de payer seize cent escus sur la somme de vingt cinq mille escus pour l'entretien de la garnison pendant quinze jours. De plus les françois saisissent les biens de ceux qui s'absentent, comme ils ont faict pour Pierre Blondel. Celuy ci s'est retiré au chasteau de Saint-Laurent-la-roche devers le capitaine, où il a fait service à sa Majesté, ayant assisté à repousser le mareschal de Byron avec ses troupes, qui vouloient attenter au dit bourg, ayant déjà gaigné l'église que l'on luy a faict quitter avec perte de ses gens.

Sont passés quatre ans, une information avoit desja esté faite contre le lieutenant Bouquet et Philibert de Branges et fu le sieur de Montfort. Nonobstant icelle, ils n'ont cessé de fréquenter le party du Byarnois. Depuis l'entrée des François à Lons-le-Saunier, le dit lieutenant n'a eu aucun soldat à loger dans sa maison ; et, bien qu'on ait osté aux habitans toutes leurs armes, on n'a aulcunement attouché aux siennes.